Klasse 4-6

Gabriela Rosenwald

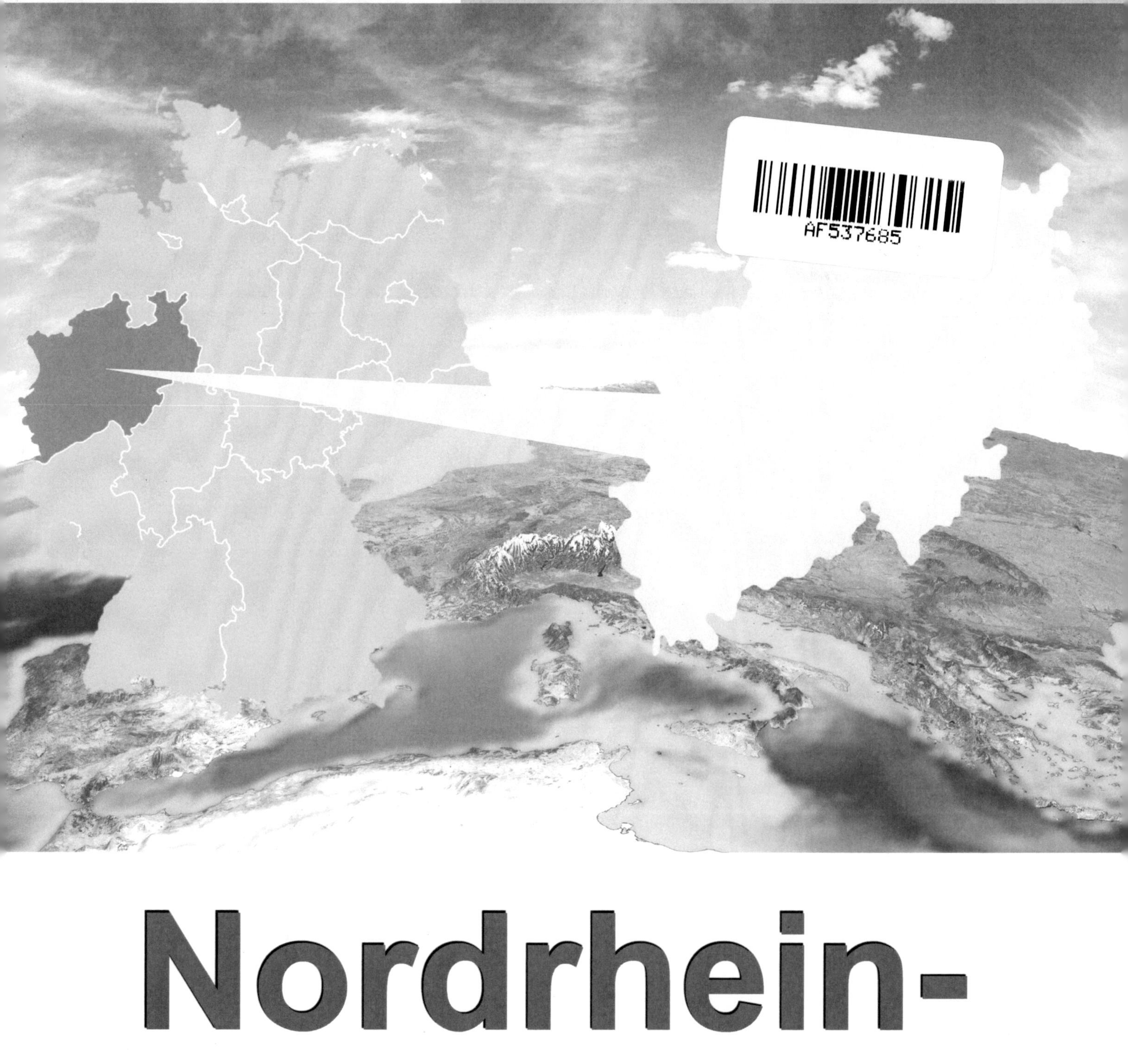

Nordrhein-Westfalen

Deutsche Bundesländer kennenlernen

Nordrhein-Westfalen

Deutsche Bundesländer kennenlernen

5. Auflage 2025

Inhalt: Gabriela Rosenwald
Coverbilder: © 1xpert, marog-pixcells & pico - fotolia.com
Redaktion: Kohl-Verlag
Grafik & Satz: Eva-Maria Noack & Kohl-Verlag
Druck: Druckerei Flock, Köln

Bestell-Nr. 12 486

ISBN: 978-3-96040-071-4

Kontakt: Kohl-Verlag, An der Brennerei 37-45, 50170 Kerpen
Tel: +49 2275 331610, Mail: info@kohlverlag.de

Unsere Lizenzmodelle

Der vorliegende Band ist eine Print-Einzellizenz

Sie wollen unsere Kopiervorlagen auch digital nutzen? Kein Problem – fast das gesamte KOHL-Sortiment ist auch sofort als PDF-Download erhältlich! Wir haben verschiedene Lizenzmodelle zur Auswahl:

	Print-Version	PDF-Einzellizenz	PDF-Schullizenz	Kombipaket Print & PDF-Einzellizenz	Kombipaket Print & PDF-Schullizenz
Unbefristete Nutzung der Materialien	x	x	x	x	x
Vervielfältigung, Weitergabe und Einsatz der Materialien im eigenen Unterricht	x	x	x	x	x
Nutzung der Materialien durch alle Lehrkräfte des Kollegiums an der lizensierten Schule			x		x
Einstellen des Materials im Intranet oder Schulserver der Institution			x		x

Die erweiterten Lizenzmodelle zu diesem Titel sind jederzeit im Online-Shop unter www.kohlverlag.de erhältlich.

Inhaltsverzeichnis

Nordrhein-Westfalen

<u>Bedeutung der Symbole</u>:

Einzelarbeit

Partnerarbeit

Schreibe in dein Heft / in deinen Ordner

Arbeiten mit der ganzen Gruppe

Vorwort/Arbeitspass

Liebe Kolleginnen und Kollegen,

früher gab es in der 3. und 4. Klasse in der Volksschule ein Fach „Heimatkunde". Die Schüler* kannten ihre Umgebung. Heute wissen sie zwar Bescheid über die Agrarwirtschaft am Nil, aber ob der Rhein nun in die Nordsee oder Ostsee mündet, ist nicht allen klar.

Es besteht also Nachholbedarf!

In diesem Band lernen die Schüler ihr näheres Umfeld kennen, erfahren einiges über das Leben in Stadt und Dorf, über Landschaften, Flüsse, Städte, Sehenswürdigkeiten und die politische Struktur.

Jedes Gebiet kann einzeln besprochen werden. Viele Seiten sind „ortsübergreifend" einsetzbar.

Die Karte auf der hinteren Umschlaginnenseite hilft den Schülern bei der Orientierung. Eine große Karte von Nordrhein-Westfalen ist jedoch genauso hilfreich.

Viel Freude und Erfolg bei der Erkundung der Umgebung wünschen Ihnen und Ihren Kindern der Kohl-Verlag und

Gabriela Rosenwald

**Mit Schülern bzw. Lehrern sind im ganzen Band selbstverständlich auch die Schülerinnen und Lehrerinnen gemeint.*

Arbeitspass

Name: ______________________ Klasse: ____________

Aufgabe/Seite	Titel/Thema	begonnen	erledigt

1 Politische Gliederung und geografischer Überblick

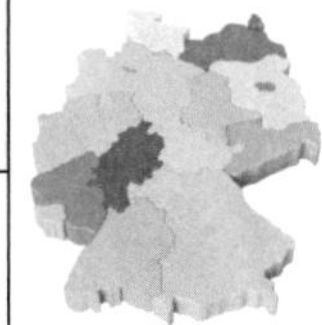

Nordrhein Westfalen

Seit 1990 wird die Bundesrepublik Deutschland aus 16 Bundesländern gebildet. Die Bundesländer teilen sich weiter auf in Regierungsbezirke, (Land)kreise, kreisfreie Städte, in Gemeinden und Gemeindeverbände. Regierungsbezirke gibt es nur noch in Baden-Württemberg, Bayern, Hessen und Nordrhein-Westfalen.

Bund
Bundesländer
Flächenländer
(Regierungsbezirke)
Stadtstaaten
(Land-)Kreise
(Gemeindeverbände)
Gemeinden
Kreisfreie Städte
(Gemeinden)

Nordrhein-Westfalen liegt im Westen Deutschlands und ist mit etwa 34.100 km² von der Fläche her das viertgrößte Bundesland. Es hat um die 17,6 Millionen Einwohner. Damit ist es das bevölkerungsreichste Bundesland in Deutschland.
Die Landeshauptstadt heißt Düsseldorf. Das Landtagsgebäude steht im Regierungsviertel der Stadt. Gesetze für das Bundesland Nordrhein-Westfalen werden von den Abgeordneten des Landtages beschlossen.

Aufgabe 1: *Male das Land NRW in der Karte ein und trage die Bundesländer ein. Male das Wappen mit den richtigen Farben an.*

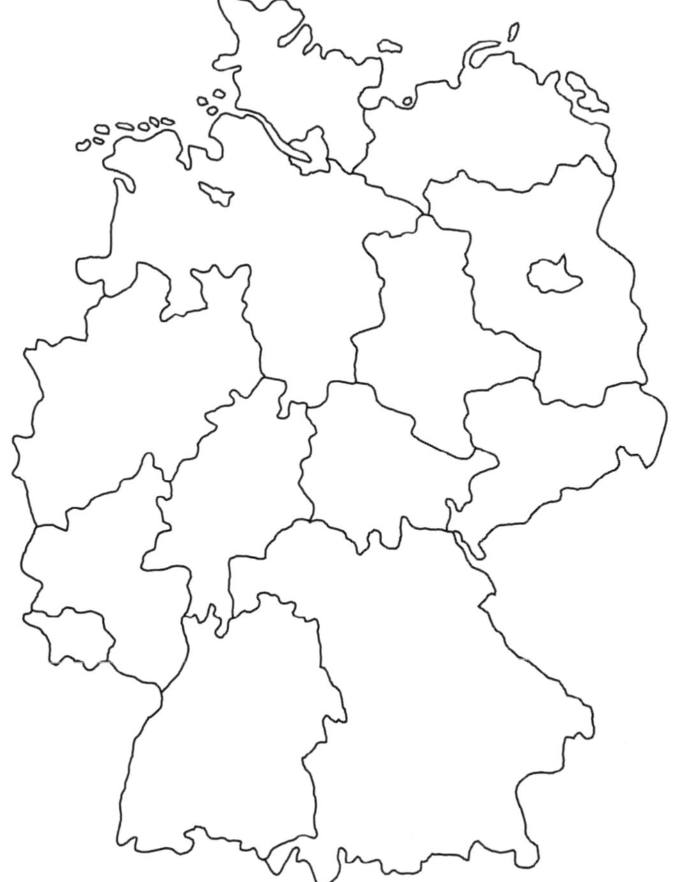

1 Politische Gliederung und geografischer Überblick

Die Regierungsbezirke

Bezirksregierungen gibt es für die Regierungsbezirke Düsseldorf, Köln, Münster, Detmold und Arnsberg.

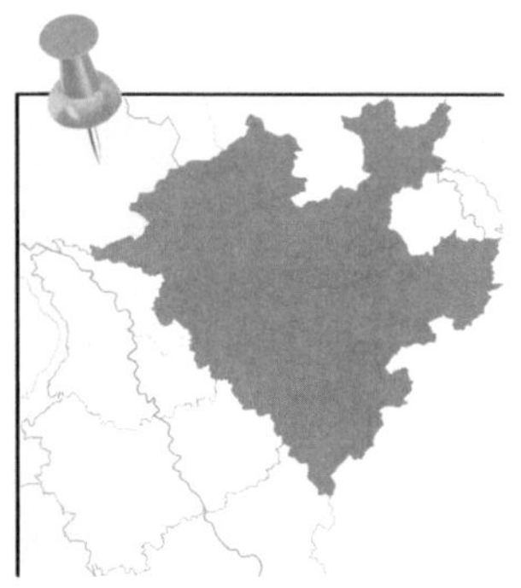

Aufgabe 2: *Zeichne die Grenzen der Regierungsbezirke mit einem roten Stift nach. Markiere auch die Städte der Bezirksregierungen.*

Regierungsbezirk	Kreise und Städteregionen	Kreisfreie Städte
Arnsberg Westfalen	Ennepe-Ruhr-Kreis, Hochsauerlandkreis, Märkischer Kreis, Olpe, Siegen-Wittgenstein, Soest, Unna	Bochum, Dortmund, Hagen, Hamm, Herne
Detmold Westfalen	Gütersloh, Herford, Höxter, Lippe, Minden-Lübbecke, Paderborn	Bielefeld
Düsseldorf Nordrhein	Kleve, Mettmann, Rhein-Kreis-Neuss, Viersen, Wesel	Duisburg, Düsseldorf, Essen, Krefeld, Mönchengladbach, Mülheim an der Ruhr, Oberhausen, Remscheid, Solingen, Wuppertal
Köln Nordrhein	Aachen, Düren, Euskirchen, Heinsberg, Oberbergischer Kreis, Rhein-Erft-Kreis, Rhein-Sieg-Kreis, Rheinisch-Bergischer Kreis	Bonn, Köln, Leverkusen
Münster Westfalen	Borken, Coesfeld, Recklinghausen, Steinfurt, Warendorf	Bottrop, Gelsenkirchen, Münster

Aufgabe 3: *Markiere rot in der Karte und in der Tabelle, wo genau du wohnst.*

1 Politische Gliederung und geografischer Überblick

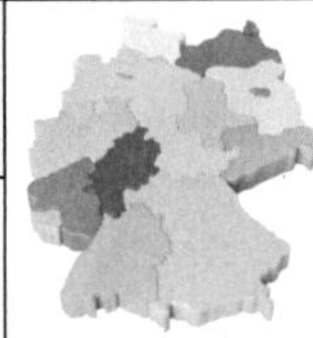

Die Einteilung der Kreise

Weiter gliedert sich das Land Nordrhein-Westfalen in 30 Kreise und eine Städteregion (Aachen). Dazu gibt es 22 kreisfreie Städte in Nordrhein-Westfalen (abgekürzt NRW). Die Kreise und die Städteregion umfassen 374 Gemeinden und Städte. In NRW gibt es 29 Großstädte.

Aufgabe 4: *Schau auf die Karte der vorherigen Seite und zeichne die Grenzen des Regierungsbezirks, in dem du wohnst, hier oben in die Karte ein.*

Aufgabe 5: *Finde heraus, wo genau du wohnst. Ist es ein Kreis, eine Städteregion oder eine kreisfreie Stadt?*

___

Aufgabe 6: *Welche größeren Städte liegen um deinen Wohnort herum?*

___

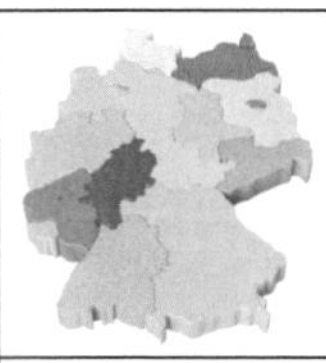

1 Politische Gliederung und geografischer Überblick

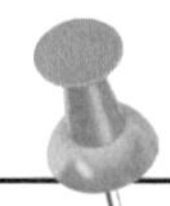

Großstadt, Stadt, Kleinstadt, Dorf

Städte werden auch nach ihrer Einwohnerzahl gegliedert. Die Zahlen sind vom Bundesamt für Bauwesen festgelegt.

Millionenstadt:	1.000.000 – ?	Einwohner
Großstadt:	100.000 – 1.000.000	Einwohner
Mittelstadt:	20.000 – 100.000	Einwohner
Kleinstadt:	5.000 – 20.000	Einwohner
Landgemeinde – Dorf:	unter 5.000	Einwohner

Aufgabe 7: **a)** *In Deutschland gibt es 4 Millionenstädte. Nenne sie.*

b) *Welche liegt in NRW?*

Aufgabe 8: *Ordne die Bilder zu:*

1. **Großstadt**
2. **Kleinstadt**
3. **Landgemeinde (Dorf)**

Aufgabe 9: *Wo würdest du den Ort einordnen, in dem du wohnst? Schau auf die Tabelle oben.*

Aufgabe 10: *Welche Vorteile und Nachteile hat das Leben in einer Großstadt, in einer Kleinstadt oder in einem Dorf? Notiert Stichpunkte und erstellt dann eine Übersicht an der Tafel.*

Großstadt		Kleinstadt		Landgemeinde / Dorf	
Vorteile	Nachteile	Vorteile	Nachteile	Vorteile	Nachteile

1 Politische Gliederung und geografischer Überblick

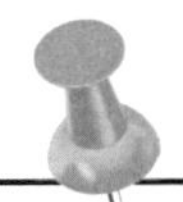

Städte im Überblick – wo liegt welche?

Nordrhein-Westfalen hat die meisten Einwohner aller deutschen Bundesländer. Die Hauptstadt ist Düseldorf. Weitere große Städte liegen im Ruhrgebiet: Düsburg, Essen, Dortmunt. Dort gab es viele Kohleberg- und Stahlwerke. Die meisten Zechen (Kohlebergwerke) sind heute stillgelegt. Bekannt ist die frühere Zeche Zollverein in Essenn. Düsburg verfügt über den größten Binnenhafen der Welt. Am Rhein haben schon die alten Römer Städte gegründet wie Näuss oder Köhln. Auch im Römerpark Xanthen kann man heute noch die Wasserleitungen von vor 2000 Jahren bestaunen. Zu Düseldorf gehören die Königsallee und die Altstadt, zu Köhln der Köhlner Dom und die Schildergasse. Im Nordwesten des Landes, in Westfalen, liegen die Städte Billefeld, Paterborn und Munster.

Aufgabe 11: *Im Text oben sind alle Städtenamen falsch geschrieben. Schau auf die Karte und setze die Namen unten richtig ein.*

1		6	
2		7	
3		8	
4		9	
5		10	

Aufgabe 12:

Markiere die Städte aus der Tabelle rot auf der Karte.

Eine Stadt findest du nicht. Forsche nach und zeichne sie ein.

Nordrhein-Westfalen – Bestell-Nr. 12 486

KOHL VERLAG

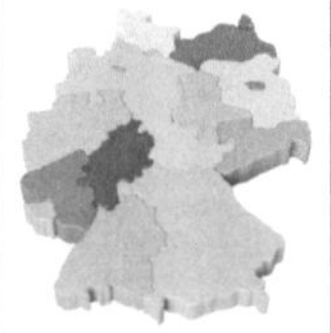

1 Politische Gliederung und geografischer Überblick

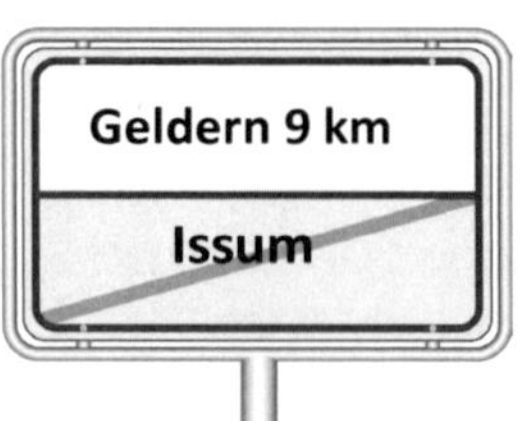

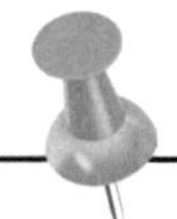

Ortstafeln, Landkarten und Stadtpläne

Ortsschilder
Wenn du in eine Stadt oder einen Ort kommst, steht an der Straße ein Ortsschild. Es ist gelb mit schwarzer Schrift. Am Ende des Ortes findest du oft ein weiteres Schild, auf dem der Name durchgestrichen und die Entfernung zum nächsten Ort angegeben ist. An kleineren Dörfern oder Ansiedlungen dürfen keine Ortsschilder stehen. Wenn man den Namen aber trotzdem bekannt machen möchte, kann ein Orts-Hinweisschild aufgestellt werden.
Es ist grün mit gelber Schrift.

Weiler

Aufgabe 13: *Forscht nach: Wie sehen die Schilder an eurem Wohnort aus? Tragt es hier ein.*

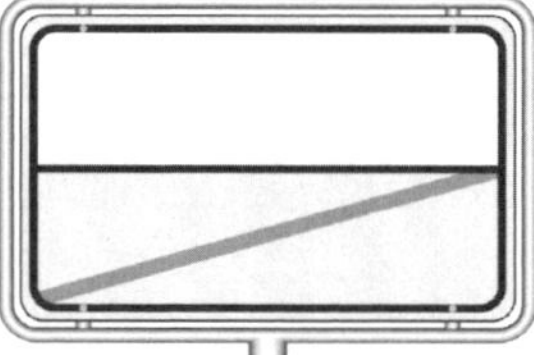

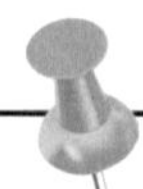

Landkarten und Stadtpläne
Trotz aller Navigationsgeräte und Smartphones braucht man auch heute hin und wieder eine Landkarte oder einen Stadtplan. Auf diesen Karten oder Plänen gibt es bestimmte Zeichen, die z. B. Bäume, Gebäude oder Verkehrswege anzeigen.

Aufgabe 14: *Findet heraus: Welches Zeichen hat welche Bedeutung?*

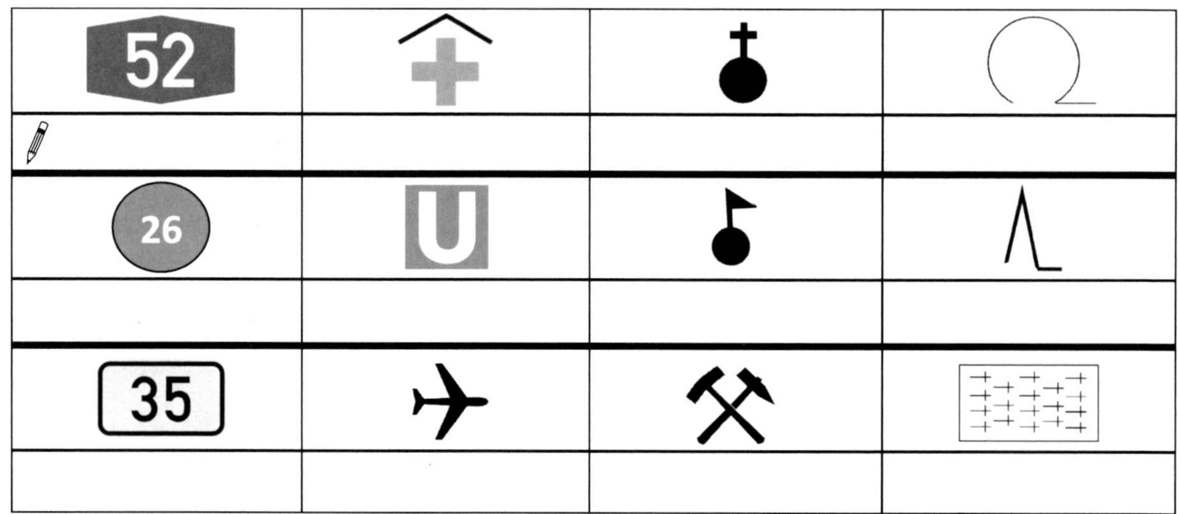

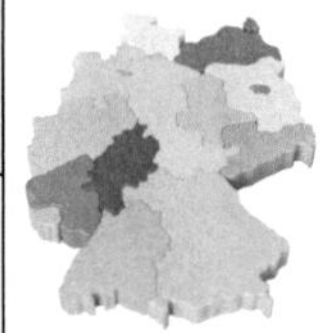

Aufgabe 15: *Hier seht ihr einen Stadtplan von Gelsenkirchen.*

a) *Schaut auf die Zeichen der Aufgabe 14. Zeichnet nun die Autobahnen rot und die Bundesstraßen grün ein.*

b) *Wie viele Autobahnausfahrten findet ihr?*

c) *Was entdeckt ihr noch?*

____

____

d) *Diese Zeichen findet ihr auch noch auf dem Stadtplan. Was bedeuten sie?*

S	P	F	†	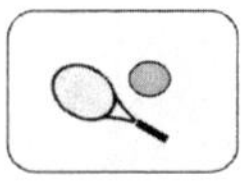	

e) *Diese Linie steht für die Eisenbahn. Findet die Strecke.*

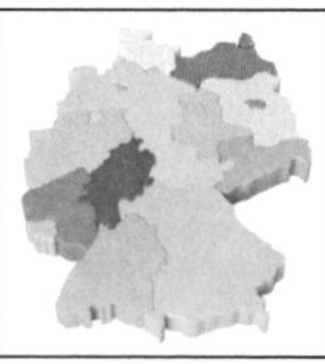

1 Politische Gliederung und geografischer Überblick

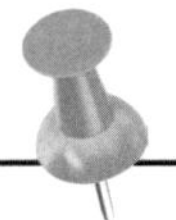

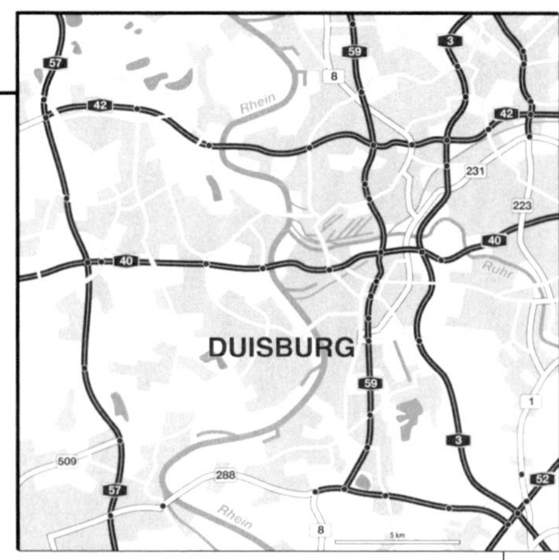

Verkehrswege in NRW

Nordrhein-Westfalen hat eines der dichtesten Verkehrsnetze weltweit. Die Länge des vom Land betriebenen Straßennetzes beträgt etwa 20.000 Kilometer. Davon sind rund 2200 km Autobahnen, 5000 km Bundesstraßen und 12.700 km Landstraßen. Dazu kommen u. a. Kreisstraßen mit einer Länge von rund 9800 km.

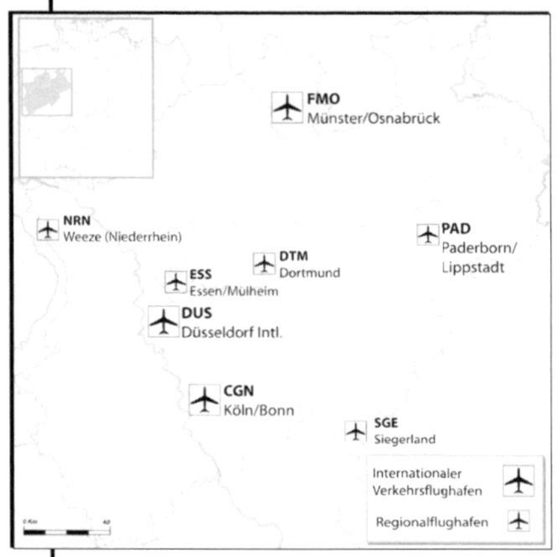

Die beiden wichtigsten internationalen Flughäfen sind Düsseldorf und Köln / Bonn. Düsseldorf ist der drittgrößte Flughafen Deutschlands. Von Köln / Bonn und Münster / Osnabrück aus starten hauptsächlich kontinentale Flüge.

Bedeutendste Binnenwasserstraße in Nordrhein-Westfalen ist der Rhein. Die Ruhr spielt als Transportweg im Ruhrgebiet ebenfalls eine wichtige Rolle. Der Duisburger Hafen gilt als größter Binnenhafen der Welt. In Datteln kreuzen sich vier Kanäle, Rhein-Herne-Kanal, Wesel-Datteln-Kanal, Datteln-Hamm-Kanal und Dortmund-Ems-Kanal. Über diese Kanäle und den im Norden NRWs verlaufenden Mittellandkanal werden der Rhein und die Weser verbunden.

Wichtigste Bahnhöfe in Nordrhein-Westfalen sind Köln Hbf, Dortmund, Düsseldorf, Essen, Köln-Deutz und Duisburg.

Aufgabe 16: **a)** *Was versteht ihr unter einem „Verkehrsnetz“?*

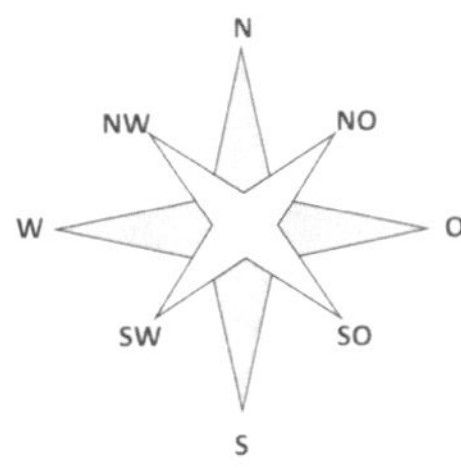

b) *Oben seht ihr die Autobahnen rund um Duisburg. Malt sie farbig an. Was stellt ihr fest? Welche Nummern haben die Autobahnen, die von Nord nach Süd führen? Welche die, die von West nach Ost führen?*

c) *Was ist ein Kanal?*

1 Politische Gliederung und geografischer Überblick

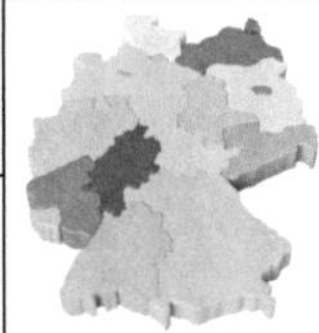

Die wichtigsten Flüsse

Der **Rhein** ist 1233 km lang und damit einer der längsten europäischen Flüsse. Er entspringt in der Schweiz und mündet bei Rotterdam in den Niederlanden in die Nordsee. 226 km fließt der Rhein durch Nordrhein-Westfalen, damit ist er der längste Fluss in diesem Bundesland.

Die **Ruhr** hat dem großen Industrie- und Kohlerevier „Ruhrgebiet“ den Namen gegeben. Sie hat ihre Quelle im Sauerland, ist 219 km lang und fließt bei Duisburg in den Rhein.

Die **Sieg** ist ein 155,2 km langer Nebenfluss des Rheins in Nordrhein-Westfalen und Rheinland-Pfalz. Sie entspringt im Rothaargebirge und mündet bei Bonn in den Rhein.

Die **Ems** ist der einzige größere Fluss in Nordrhein-Westfalen, der nicht in den Rhein mündet. Sie ist 371 km lang und mündet bei der Stadt Emden in die Nordsee. Sie fließt durch das Münsterland.

Die **Lippe** entspringt im Eggegebirge. Sie ist 220 km lang und verläuft entlang des nördlichen Ruhrgebiets. Bei Wesel mündet sie in den Rhein.

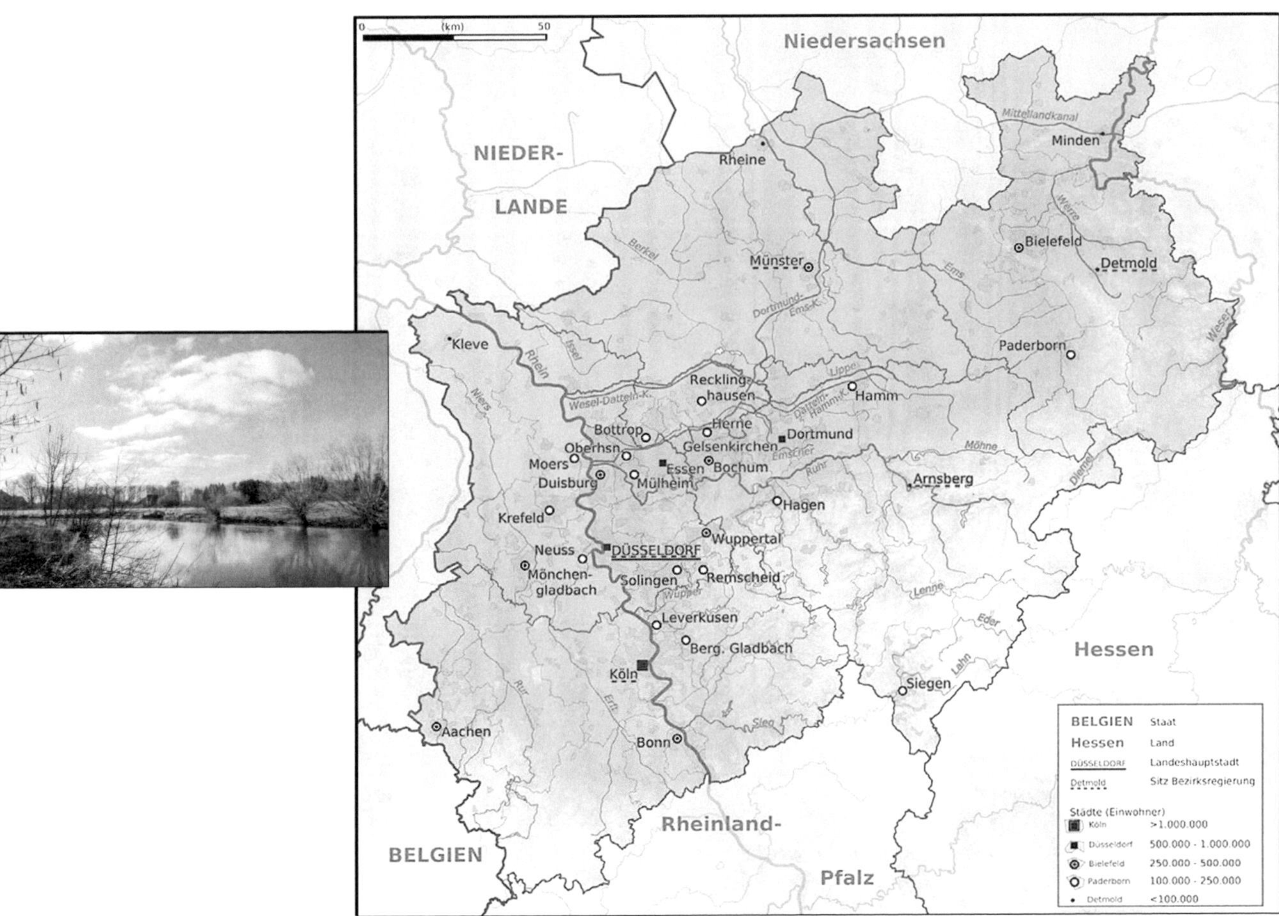

Aufgabe 17: **a)** *Welche großen Städte liegen am Rhein?*

b) *Welche Flüsse liegen in eurer Nähe?*

c) *Welcher Fluss ist länger, die Lippe oder die Ruhr?*

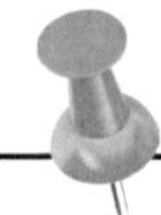

Wirtschaft

Werk von ThyssenKrupp in Duisburg

Früher prägten vor allem die großen Kohle- und Stahlunternehmen das Land. Nachdem sich der Kohleabbau und die Stahlerzeugung im Ruhrgebiet nicht mehr lohnten, verschwanden viele dieser Firmen.
Das größte verbliebene Stahlunternehmen ist **ThyssenKrupp** mit den Hauptsitzen in Duisburg und Essen. In Leverkusen findet man die Chemiefirma **Bayer**.
In Bonn haben die **Deutsche Post** und die **Telekom** ihren Hauptsitz, in Düsseldorf **E.ON** und **Metro**, in Essen **RWE** und **Aldi**, in Köln **Lufthansa** und **Rewe**, in Bielefeld die Unternehmensgruppe **Oetker**.

Aufgabe 18:

Zeichne die oben beschriebenen Städte in der Karte ein.

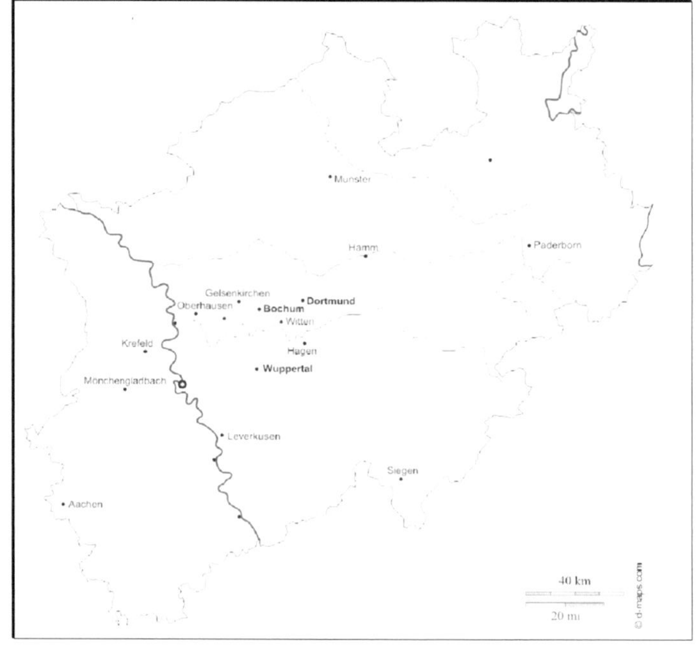

Aufgabe 19:

Welche Firmen oder Industrien gibt es in eurer Gegend? Listet auf:

____

____

Der Medienhafen in Düsseldorf ist ein Beispiel für den Strukturwandel in Nordrhein-Westfalen. Das frühere Hafen- und Industriegebiet wurde zu einem Büro- und Hotelstandort umgewandelt.

Aufgabe 20: *Forscht nach: Was bietet der Medienhafen Düsseldorf alles?*

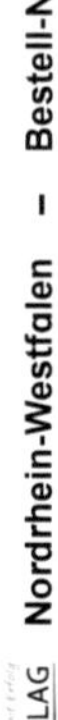

2 Das Ruhrgebiet

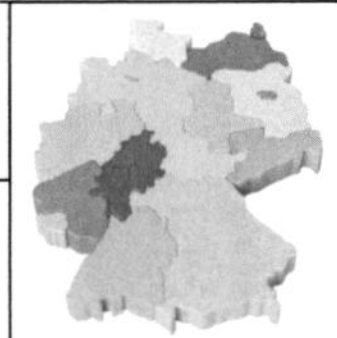

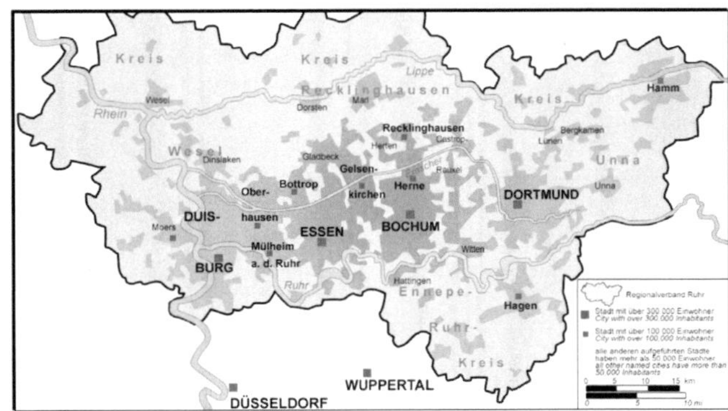

Hier finden wir unter anderem die großen Städte Duisburg, Essen, Gelsenkirchen, Bochum und Dortmund sehr dicht nebeneinander. Das Ruhrgebiet ist mit rund 5,1 Millionen Einwohnern und einer Fläche von 4.435 km² die größte Agglomeration Deutschlands. Namensgebend für diese dicht besiedelte Region ist die Ruhr. Mit seinem ebenfalls dicht besiedelten Umland und den Ballungsräumen am Rhein bildet es die Metropolregion Rhein-Ruhr. Kohlebergbau und Stahlindustrie beherrschten lange Zeit das Ruhrgebiet und machten es zum größten Industriegebiet Deutschlands. Im Jahre 1850 gab es bereits fast 300 Zechen. In Kokereien wurde aus der Kohle Koks erzeugt, der in den Hochöfen der Eisen- und Stahlhütten zur Roheisen- und Stahlerzeugung benötigt wurde. In den folgenden Jahrzehnten wuchs der Ruhrkohlenbezirk zum größten industriellen Ballungszentrum Europas an. Doch Ende der 1950er Jahre ging es bergab. 1966 arbeiteten nur noch die Hälfte der Beschäftigten in Bergbau und Stahlindustrie. Seitdem befindet sich das Ruhrgebiet im Strukturwandel, der große wirtschaftliche Probleme hat. Im Rheinisch-Westfälischen Steinkohlerevier betreibt die Deutsche Steinkohle AG noch zwei Steinkohlenbergwerke – bis 2018.

Duisburg

Landschaftspark Duisburg

Duisburg liegt an der Mündung der Ruhr in den Rhein. Die Stadt zählt etwa ½ Million Einwohner. Viele Ausländer leben dort. Doch die Arbeitslosigkeit ist hoch, die Stadt hat kein Geld, um viele nötige Reformen zu starten.
Der Duisburger Hafen „duisport“ gilt als der größte Binnenhafen der Welt und als Sehenswürdigkeit der Stadt. Bereits zu Beginn des 18. Jahrhunderts entstand der erste Ruhrorter Hafen. Über 20.000 Schiffe laufen heute pro Jahr den Hafen an.
Die Kohlebergwerke, die früher bedeutsam waren, gibt es nicht mehr. Alle Schachtanlagen sind geschlossen und teilweise in einen „Landschaftspark“ integriert.
Duisburg ist bis heute das bedeutendste Zentrum der Stahlindustrie in Mitteleuropa und verfügt über die größte Ausdehnung an Fabriken weltweit.
Bekannt ist der Zoo Duisburg für sein Delfinarium und die Zucht von Koalas.

Aufgabe 1: *Was ist ein Binnenhafen? Schreibe in dein Heft.* 

Aufgabe 2: *Wie wird das Ruhrgebiet mit seinem Umland auch genannt?*

2 Das Ruhrgebiet

Die **Zeche Zollverein** war von 1847 bis 1986 ein Steinkohlebergwerk in Essen. Sie ist heute ein Architektur-Welterbe und Industriedenkmal. Seit 2001 gehört sie zum Weltkulturerbe der UNESCO.

Das **Deutsche Bergbau-Museum Bochum** ist das größte Bergbaumuseum der Welt. In 20 m Tiefe gibt es ein nachgebildetes Bergwerk mit etwa 2,5 km Länge. Hier kann man die Maschinen und den mühsamen Arbeitsalltag unter Tage erleben.

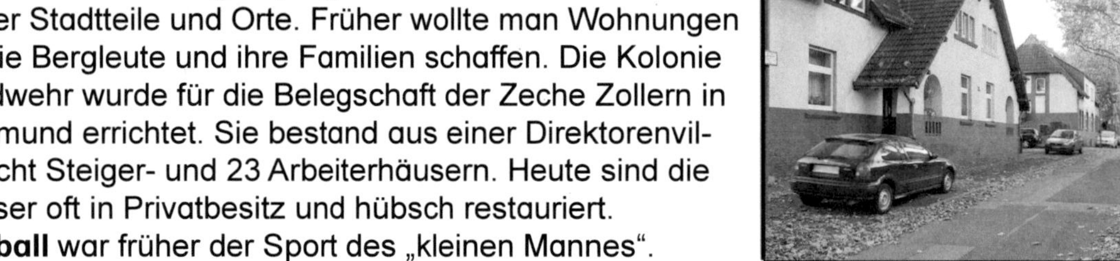

Die **Zechensiedlungen** prägen heute noch das Bild einzelner Stadtteile und Orte. Früher wollte man Wohnungen für die Bergleute und ihre Familien schaffen. Die Kolonie Landwehr wurde für die Belegschaft der Zeche Zollern in Dortmund errichtet. Sie bestand aus einer Direktorenvilla, acht Steiger- und 23 Arbeiterhäusern. Heute sind die Häuser oft in Privatbesitz und hübsch restauriert.

Fußball war früher der Sport des „kleinen Mannes". Kicken konnte fast jeder. Oder wenigstens einen Tipp für die Toto-Wette abgeben. Im Ruhrgebiet gibt es vier bekannte Vereine, zwei spielen gerade in der Bundesliga.

Aufgabe 3: *Wie heißen die Vereine? Zu welcher Stadt gehören sie? Welche davon spielen in der Bundesliga? Schreibe in dein Heft.*

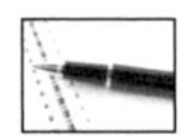

Aufgabe 4: *Setze passend in den Text ein:*

Ruhrgebiet • Gastarbeiter • Bergleuten • Arbeitslosigkeit • Zechen • Eisenerzen

Mitte des letzten Jahrhunderts gab es im Ruhrgebiet noch viele ________________. Der Kohleabbau und die Verarbeitung von ________________ brachten viel Geld ins Revier. Aus der Türkei und aus Italien kamen ________________. Schwere Arbeiten, die heute wahrscheinlich ein Roboter erledigen würde, wurden von den Knappen und ________________ geleistet. Viele Gastarbeiter holten ihre Familien hierher. So leben heute gerade im ________________ viele Türken schon in 3. und 4. Generation. Doch dann ging es mit dem Kohleabbau bergab. Noch heute kämpft das Revier mit dem „Strukturwandel", der eine hohe ________________ und wenig Geld für die Stadtkassen bedeutet.

Aufgabe 5: *Erkläre, was ein Steiger, ein Knappe und eine Zeche sind. Schreibe in dein Heft.*

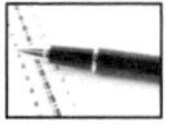

3 Der Niederrhein

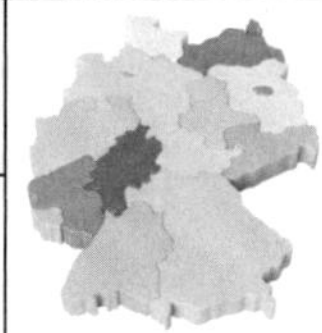

Der Niederrhein reicht von Köln bis fast an die Nordsee. Es gibt aber auch eine Region Niederrhein. Die liegt überwiegend linksrheinisch und reicht etwa von Neuss bis zur niederländischen Grenze. In dieser flachen, ebenen Landschaft liegen die Kreise Kleve, Wesel, Heinsberg und Viersen sowie die Städte Düsseldorf, Krefeld und Mönchengladbach sowie die alten Römerstädte Neuss und Xanten. Weiden und Windmühlen prägen die Landschaft.

Düsseldorf

Düsseldorf ist die Landeshauptstadt Nordrhein-Westfalens. Mit etwa 600.000 Einwohnern ist sie nach Köln die zweitgrößte Stadt des Landes. Düsseldorf hat mehrere Rheinhäfen. Bekannt ist die Stadt durch ihre exklusive Einkaufsstraße Königsallee (kurz Kö genannt), die Altstadt und das „Alt"-Bier.
Behörden, Dienstleistungsfirmen, große Banken und Industrieverwaltungen fanden sich schon zu Beginn des letzten Jahrhunderts in Düsseldorf. So erhielt die Stadt den Beinamen „Schreibtisch des Ruhrgebiets".
Altes Brauchtum sind der Karneval mit dem Rosenmontagszug und das Schützenfest mit der größten Kirmes am Rhein. Eine alte Tradition ist auch das Radschlagen. Für „Eene Penning" führten die Düsseldorfer Radschläger – meist Schüler – ihre Kunst vor. Heute sieht man sie nur noch selten.

Aufgabe 1: *Warum nennt man Düsseldorf den „Schreibtisch des Ruhrgebiets"? Schreibe in dein Heft.*

Xanten

Die Stadt hat eine 2000-jährige Geschichte zu verzeichnen: Bis etwa zum Jahre 500 herrschten die Römer dort und hinterließen u. a. ein Amphitheater und Thermen. In der Arena des Archäologischen Parks (APX) und auf der Freilichtbühne finden jedes Jahr die Xantener Sommerfestspiele mit Ballett, Musicals und Opern statt. Die Xantener Nord- und Südsee sind ein beliebtes Freizeitzentrum. Wie überall am Niederrhein kann man ausgedehnte Fahrradtouren unternehmen.
Der Nibelungensage nach ist Siegfried von Xanten in der Stadt geboren worden.

3 Der Niederrhein

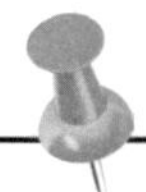

Krefeld

Schon Friedrich II. förderte in Krefeld die Seidenweberei. So entwickelte sich die Textilindustrie früh und machte die Stadt sehr wohlhabend. Sie bekam den Beinamen „Samt- und Seidenstadt". Hundert Jahre später war die Hälfte der Krefelder Bevölkerung in der Seidenindustrie beschäftigt. Zur Tradition Krefelds gehörte das Herstellen von Krawattenstoffen und Krawatten. Inzwischen hat sich die Herstellung an billigere Standorte ins Ausland verlagert. Doch noch heute erinnert das Denkmal des Meisters Ponzelar mit der Seidenrolle auf der Schulter an die Seidenweber.
Jedes Jahr zu Pfingsten findet um die Burg Linn und in der Linner Altstadt der Flachsmarkt statt. Der mittelalterliche Markt ist der größte Handwerkermarkt Deutschlands.

Schloss Moyland bei Kleve ist ein weiteres Highlight des Niederrheins. Es besitzt als Museum die umfangreichste Sammlung moderner Kunst des umstrittenen Künstlers Joseph Beuys. Ausstellungen, Konzerte, Kabarett und Weihnachtsmarkt sind nur einige Veranstaltungen, die hier laufend geboten werden.

Windmühlen und Kopfweiden

Windmühlen und Weiden prägen die ebene Landschaft. Kleine Städte, oft mit historischem Stadtkern, liegen zwischen Wiesen und Waldstücken. Dazu gehören Goch, Rees, Wesel, Brüggen ... Die Bockwindmühle (links) musste ganz in die richtige Windrichtung gedreht werden. Bei der Turmwindmühle (rechts) musste man nur den oberen Teil, den Mühlenkopf, drehen. Die Steprather Mühle in Geldern-Walbeck (rechts) ist die älteste voll funktionsfähige Mühle in Deutschland.

Aufgabe 2:

Zu den kleinen Städten und Orten am Niederrhein gehören weiter Kempen, Kalkar, Kevelaer, Emmerich und Weeze. Jeder Ort hat seine Besonderheiten. Forscht nach und erstellt eine Broschüre „Die Orte der Region Niederrhein". Bilder und Infos findet ihr im Internet.

4 Die Kölner Bucht

Köln

Köln ist mit mehr als einer Million Einwohnern größte Stadt des Landes Nordrhein-Westfalens sowie die viertgrößte der Bundesrepublik Deutschland. Sie ist durch ihre 2000-jährige Geschichte, den Kölner Dom und den Karneval bekannt.
Die günstige Lage am Rhein mit wichtigen West-Ost-Straßen trug schon im Mittelalter zur besonderen Bedeutung Kölns bei. Die Stadt wurde zu einem wichtigen Handelsstandort. Heute wird Köln als Auto-, Maschinenbau-, Chemie-, Versicherungs- und Medienstadt angesehen, da sich in diesen Bereichen sehr viele Firmenzentralen hier angesiedelt haben. Ergänzt wird die Infrastruktur durch die Binnenhäfen und den Flughafen Köln/Bonn.
Die Stadt ist außerdem Sitz vieler Verbände und Medienunternehmen mit zahlreichen Fernsehsendern, Musikproduzenten und Verlagshäusern. Kölsch ist die in der Stadt Köln und im Umland gesprochene Mundart, aber auch das beliebte Bier der Einwohner. Die Hohe Straße gehört zu den meistbesuchten deutschen Einkaufsstraßen.
In der Nähe von Köln, in Brühl, liegt das Phantasialand, ein großer Vergnügungspark.

Aufgabe 1: *Was verbirgt sich hinter diesen Namen? Forscht nach und erklärt. Schreibt in eure Hefte.*

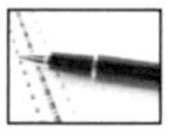

Tünnes und Schäl • Kölner Karneval • Phantasialand • Koelnmesse

Bonn

In Bonn befand sich der Regierungssitz der Bundesrepublik, bevor 1990 die Wiedervereinigung der Deutschen Demokratischen Republik (DDR) und der Bundesrepublik Deutschland (BRD) erfolgte. Heute ist Bonn der zweite Regierungssitz unseres Landes. Der bekannteste Bonner ist der Komponist Ludwig van Beethoven. Sein Geburtshaus in der Bonngasse besuchen Jahr für Jahr viele tausend Touristen.
Der Lange Eugen ist ein Hochhaus in Bonn. Bis zum Umzug des Deutschen Bundestages nach Berlin 1999 lagen in dem Gebäude die Büros der Mitglieder des Deutschen Bundestages. Heute nutzen es Organisationen der Vereinten Nationen.
Der Süßwaren-Konzern Haribo hat seinen Sitz in Bonn. Bekanntestes Produkt sind die 1922 von Hans Riegel erfundenen Gummibärchen.

Aufgabe 2: *Beantworte die folgenden Fragen in deinem Heft.*

a) *Wer war der bekannteste Bonner Bürger?*
b) *Wer nutzt heute den „Langen Eugen“?*

4 Die Kölner Bucht

Aachen
Aachen ist die westlichste deutsche Großstadt. Sie grenzt an die Niederlande und Belgien. Aachen ist Bischofssitz. Der Aachener Dom gilt als Wahrzeichen der Stadt. Die Aachener Printen kennt jeder!

Karl der Große war von 768 bis 814 König des Fränkischen Reichs. Er wurde im Jahr 800 als erster westeuropäischer Herrscher seit der Antike in Rom zum Kaiser gekrönt. Er gilt als Gründer der heutigen Staaten Frankreich und Deutschland. Für Verdienste um die europäische Einigung wird jährlich der angesehene Karlspreis zu Aachen an Persönlichkeiten des In- und Auslands verliehen.

Aufgabe 3: *Berichte über Karl den Großen. Was war Besonderes an ihm? Schreibe in dein Heft.*

Das Siebengebirge liegt südöstlich von Bonn. Es gehört zum Rheinischen Schiefergebirge und zum Naturpark Siebengebirge, einem der ältesten, sagenumwobenen Naturparks Deutschlands.
Bereits im 1. Jh. n. Chr. entstanden im Siebengebirge die ersten römischen Steinbrüche. Nach dem Zerfall des römischen Reiches kam es erst im 11. Jh. zur Wiedereröffnung vieler Steinbrüche. Die abgebauten Gesteine wurden zum Bau zahlreicher Kirchen, auch des Kölner Doms,genutzt.
Auf dem Petersberg befindet sich das Bundesgästehaus. Schloss Drachenburg liegt auf dem Drachenfels in Königswinter. Seit 1883 kann man bis fast zum Gipfel des Drachenfels fahren.

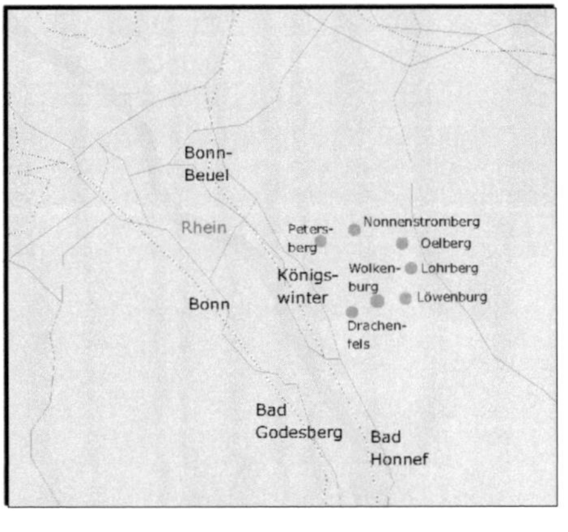

Aufgabe 4: *Erkläre, was ein „Nationalpark" ist. Schreibe in dein Heft.*

Aufgabe 5: *Finde die Berge des Siebengebirges im Buchstaben-Gitter.*

D	E	R	T	U	N	K	O	Ö	L	B	E	R	G	R
G	E	R	B	L	O	H	R	B	E	R	G	W	I	R
L	Ö	W	E	N	B	U	R	G	A	T	L	C	H	I
N	O	N	N	E	N	S	T	R	O	M	B	E	R	G
A	S	S	U	P	E	T	E	R	S	B	E	R	G	H
L	E	E	R	W	O	L	K	E	N	B	U	R	G	U
D	R	A	C	H	E	N	F	E	L	S	G	A	R	T

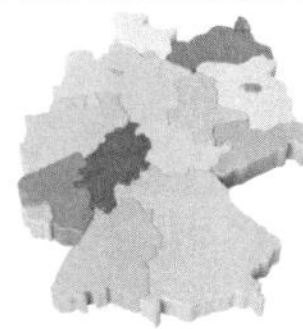

5 Das Rheinische Schiefergebirge

Rheinische Schiefergebirge
Im Süden und Südwesten des Nordrhein-Westfalens liegt das Rheinische Schiefergebirge. Es erstreckt sich bis in die Bundesländer Saarland, Rheinland-Pfalz und Hessen.

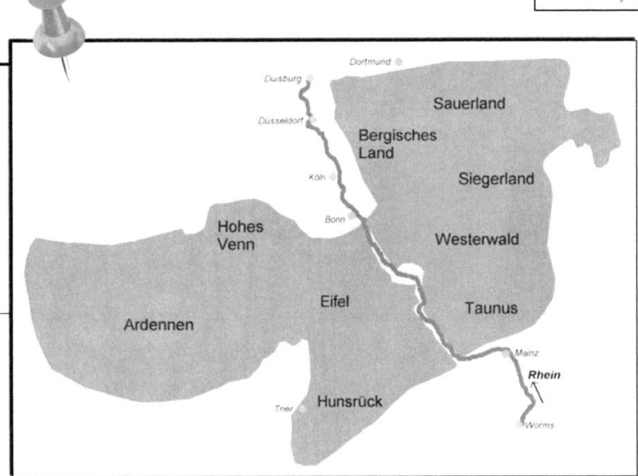

Aufgabe 1:

Markiere die Teile des Rheinischen Schiefergebirges, die in NRW liegen.

Die **Eifel** im Südwesten erstreckt sich auch über das Bundesland Rheinland-Pfalz sowie über Belgien und Luxemburg. Das Hohe Venn ist ein Hochmoor in der Eifel. Es ist geprägt von heckenumsäumten, hügeligen Wiesenlandschaften, Wäldern sowie verstreut liegenden Dörfern und Bauernhöfen.

Zentrum des **Siegerlandes** ist die Großstadt Siegen. Den Namen erhielten Stadt und Region von der Sieg, die im Rothaargebirge entspringt. Das Siegerland ist, genau wie das Sauerland, sehr waldreich. Bäche ziehen sich durch die Täler, umrandet von Wiesen und Feldern. Typisch für diese Gegend sind die Hauberge, in denen bis heute Holz zum Heizen geschlagen wird.

Das **Bergische Land** liegt auf der rechten Rheinseite. Städte wie Wuppertal, Remscheid, Leverkusen und Solingen sind Teil dieser Landschaft. Typisch sind die Fachwerkhäuser, die teilweise mit Schiefer verkleidet sind. Seit dem Mittelalter bildet Solingen das Zentrum der deutschen Messer- und Scherenindustrie. Zu Solingen gehört auch Schloss Burg an der Wupper, ein Stammschloss der Grafen und Herzöge von Berg. Die Wuppertaler Schwebebahn wurde 1901 eröffnet und gilt als Wahrzeichen der Stadt.

Aufgabe 2: *Wie sieht die Landschaft in der Eifel aus? Schreibe in dein Heft.*

Aufgabe 3: *Beschrifte die Bilder nach den Beschreibungen im Text oben.*

5 Das Rheinische Schiefergebirge

Die Bergische Kaffeetafel

Neben dem frischen Kaffee aus der Dröppelminna gehören Rosinenstuten, Schwarz- und Graubrot, Honig, Apfel- oder Rübenkraut, Konfitüre, Butter, Ei, Quark, Käse, Wurst und Schinken dazu. Auf keinen Fall dürfen natürlich die Bergischen Waffeln fehlen, die mit heißen Kirschen und Sahne oder auch mit Milchreis, Zimt und Zucker serviert werden. Zum Abschluss gibt es einen Schnaps.

Aufgabe 4: **a)** *Im Text sind einige Buchstaben fett gedruckt. Sie nennen eine weitere Zutat, wenn du sie richtig ordnest.*

b) *Was ist eine Dröppelminna? Schreibe in dein Heft.*

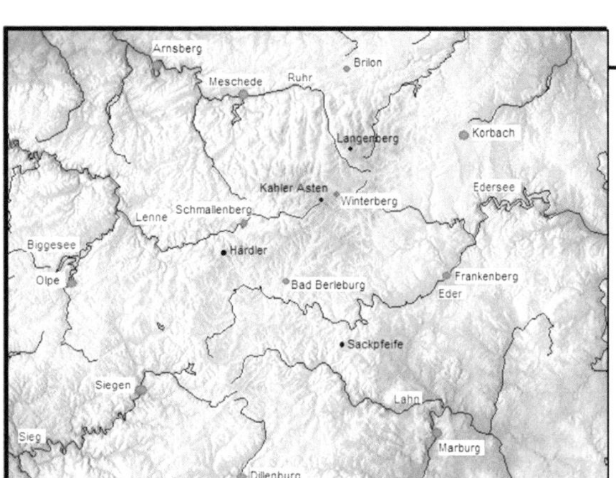

Das Sauerland befindet sich im Süden Westfalens. Hier liegt das Rothaargebirge mit dem höchsten Berg Nordrhein-Westfalens: der Langenberg ist 843 m hoch. Dort entspringt auch die Ruhr. Bei Winterberg um den Kahlen Asten (zweithöchster Berg, 842 m) gibt es ein Skigebiet. Hier ist der Tourismus von großer Bedeutung.
Die größten Städte sind Iserlohn und Arnsberg.
In Attendorn gibt es eine der größten und schönsten Tropfsteinhöhlen Deutschlands, die Atta-Höhle. Mit dem Biggesee, einer Talsperre, ist sie eine Sehenswürdigkeit und ein wichtiger Wirtschaftsfaktor für die Stadt.

Aufgabe 5: *Löse das Kreuzworträtsel.*

Lösungswort: ___ ___ ___ ___ ___ ___
1 2 3 4 5 6

1. Im Süden Westfalens liegt ein Gebirge, es heißt …
2. Der höchste Berg im Land ist der …
3. Hier entspringt ein Fluss …
4. Ein Skigebiet liegt um den …
5. Der Ort im Skigebiet heißt …
6. Wir nennen die Gegend auch …
7. Die Bezirkshauptstadt der Region ist …
8. Eine berühmte Tropfsteinhöhle findet man in …

6 Das Münsterland

Das Münsterland gehört der Landschaft nach zur Westfälischen Bucht. Seinen Namen hat es von der Stadt Münster. Das Land ist ziemlich flach und man sieht noch viele Bauernhöfe. Typisch sind auch die Wasserschlösser mit den Parklandschaften, die sie umgeben. Die Burg Hülshoff mit ihrem Park gilt als eine der schönsten Anlagen im Münsterland. Sie ist das Geburtshaus der Dichterin Annette von Droste-Hülshoff.

Der Teutoburger Wald verläuft nördlich und südlich der Stadt Bielefeld. Weiter im Süden schließt sich das Eggegebirge an. Bielefeld liegt im Teutoburger Wald.

Bekannt ist der Teutoburger Wald durch die Schlacht im Teutoburger Wald im Jahr 9 n. Chr., in der die Germanen unter Hermann dem Cherusker die römische Armee unter Varus vernichtend schlug. Zu den touristischen Anziehungspunkten gehören das Hermannsdenkmal sowie die Naturdenkmäler der Externsteine, die meist als germanisches Heiligtum gelten.

Aufgabe 1: *Beantworte die folgenden Fragen in deinem Heft.*

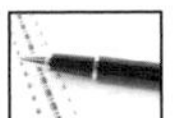

a) *Wie nennt man die bekannte Schlacht im Teutoburger Wald?*

b) *Für wen steht das riesige Denkmal?*

Münster ist bekannt als Stadt der Radfahrer. Die schöne, historische Altstadt wurde nach dem Zweiten Weltkrieg original wieder aufgebaut. Die modernen Gebäude fügen sich in das Stadtbild ein.

Freizeit kann man am Aasee oder im Allwetterzoo verbringen. Münster ist Universitätsstadt. So bietet sie jede Menge Kultur, Unterhaltung und Events.

Im Münsterland finden sich viele Schlösser und Burgen, besonders auch Wasserburgen. Die sehenswerten und interessanten Bauwerke können mit dem Fahrrad auf der so genannten 100-Schlösser-Route erkundet werden.

Aufgabe 2: *Erstellt eine Kollage mit Landkarte und Bildern über die 100-Schlösser-Tour.*

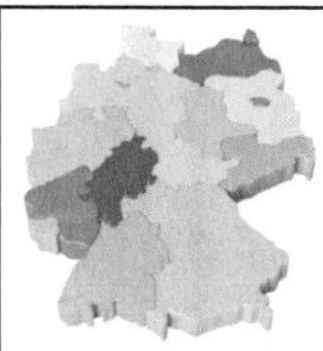

6 Das Münsterland

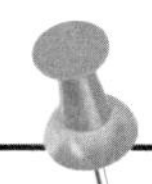

Wildpferde in Dülmen

Einige Kilometer westlich der Stadt, die zwischen Münster und dem Ruhrgebiet liegt, ist das einzige Wildpferdegestüt Europas beheimatet – im Merfelder Bruch. Dort lebt das Dülmener Wildpferd, eine Ponyart. Das Gelände aus Weide, Moor, Heideflächen, Birkengestrüpp sowie Hochwald mit Nadelwäldern und Eichen bietet abwechslungsreiche Nahrung und genügend Deckung und Schutz. Die Pferde leben das ganze Jahr im Freien. Nur bei strengem Frost und Schnee werden sie an einigen Futterstellen mit Heu versorgt.

Eine außergewöhnliche Veranstaltung wird jedes Jahr aufs Neue zum Anziehungspunkt für viele Menschen von nah und fern: Der Wildpferdefang. Dabei werden die einjährigen Hengste der Herde mit der Hand eingefangen. Die jungen Hengste werden verkauft und werden zuverlässige Reit- oder Kutschpferde.

Aufgabe 3: *Was ist das Besondere an der Pferdehaltung in Dülmen? Wie werden Pferde sonst gehalten? Schreibe in dein Heft.*

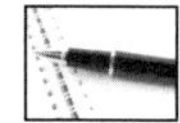

Essen in Nordrhein-Westfalen

Die Westfälische Küche ist vor allem deftig. Es gibt Westfälischen Schinken und Pumpernickel. Auch andere Fleisch-, Wurst- und Brotspezialitäten spielen dort eine große Rolle. Typisch für Westfalen ist auch die Zubereitung „dicker Bohnen" mit Speck.

Ein bekanntes Beispiel für Rheinische Küche ist der Rheinische Sauerbraten und die Bergische Kaffeetafel. Weiter gibt es Himmel un Ääd, Mettbrütche mit Ollich, Saltz und Pepper, Rheinische Muscheln und den Halven Hahn. Bekannt sind auch Pille- oder Schnibbelkuchen und der Düsseldorfer Mostert.

Im Sauerland kennt man Potthucke und Knochenwurst. Bekannt sind das Paderborner Landbrot, ein Roggenmischbrot und die Mettendchen, die gut zu Grünkohl schmecken.

Aufgabe 4: *Erklärt, was die einzelnen Spezialitäten sind:*

Himmel un Ääd	
Mettbrütche ...	
Halven Hahn	
Pillekuchen	
Potthucke	
Knochenwurst	
Pumpernickel	
Mettendchen	

7 NRW-Quiz

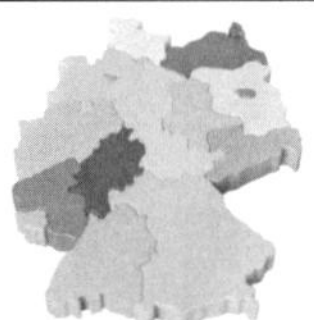

Aufgabe 1: *Was gehört zusammen?*
Bilde mit den richtigen Wörtern jeweils einen Satz. Benutze verschiedene Verben: befindet sich, gehört zu, gibt es …
Schreibe in dein Heft

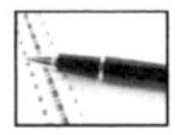

1	Münsterland
2	Solingen
3	Düsseldorf
4	Bergisches Land
5	Aachen
6	Xanten
7	Siebengebirge
8	Bonn
9	Monschau
10	Duisburg
11	Ruhrgebiet
12	Sauerland
13	Köln
14	Münster
15	Essen
16	Bochum
17	Krefeld
18	Niederrhein
19	Wuppertal
20	Westfalen

A	Rotes Haus
B	Weiden und Windmühlen
C	Bergbaumuseum
D	Zeche Zollverein
E	Schwebebahn
F	Atta-Höhle
G	Samt und Seide
H	Wasserschlösser
I	Landeshauptstadt
J	Kaffeetafel
K	Radfahren und Aasee
L	Karl der Große
M	Schinken und Pumpernickel
N	Kohle und Stahl
O	Alte Römerstadt
P	Dom
Q	Messer und Scheren
R	Weltgrößter Binnenhafen
S	2. Regierungssitz des Landes
T	Drachenburg

8 Steckbrief „Mein Wohnort“

Name: ______________________

Bundesland: ______________________

Regierungsbezirk: ______________________

Kreis: ______________________

Einwohner: ______________________

Bürgermeister: ______________________

Autokennzeichen: __________

Städte (in der Nähe): ______________________________

Flüsse (in der Nähe): ______________________________

Sehenswürdigkeiten und Besonderheiten:

____

____

____

Ein Bild von meinem Wohnort:

Das gefällt mir an meinem Wohnort:

____

____

____

Das gefällt mir nicht so gut:

____

____

9 Die Lösungen

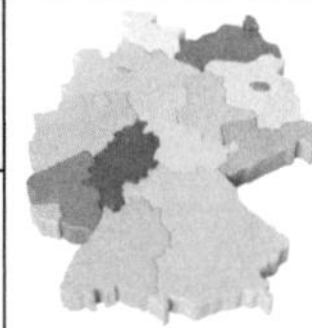

1 Politische Gliederung und geografischer Überblick

1.

7. **a)** Die Millionenstädte in Deutschland sind Berlin, Hamburg, München und Köln.
b) Köln liegt in NRW.

8. Von links nach rechts: Dorf, Großstadt, Kleinstadt

11. Die Städte richtig: Düsseldorf, Duisburg, Essen, Dortmund, Neuss, Köln, Xanten, Bielefeld, Paderborn, Münster

12.

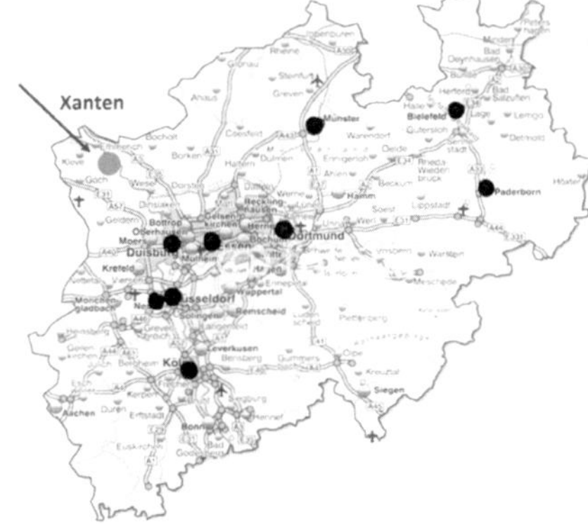

14. Der Reihe nach von links nach rechts, von oben nach unten:
Nr. der Autobahn, Krankenhaus, Kirche, Laubbaum, Nr. der Autobahnausfahrt, U-Bahn, Schloss/Burg, Nadelbaum, Nr. der Bundesstraße, Flughafen, Bergwerk, Friedhof

15. **b)** Es gibt drei Autobahnausfahrten.
d) S-Bahn, Parkplatz, Feuerwehr, Friedhof, Tennisplatz, Fußballplatz

16. **a)** Als Verkehrsnetz bezeichnet man alle Anlagen zur Fortbewegung von Personen und/oder Gütern, auf und unter der Erde. Ein Verkehrsnetz gehört zur gesamten Verkehrsinfrastruktur.
b) Die Autobahnen von Nord nach Süd haben ungerade Nummern, die von West nach Ost gerade.
c) Ein Kanal ist ein künstlich angelegter Wasserweg.

17. **a)** Die großen Städte am Rhein sind Bonn, Köln, Düsseldorf und Duisburg.
c) Die Lippe ist einen Kilometer länger als die Ruhr.

18.

20. Im Medienhafen Düsseldorf haben sich zahlreiche Unternehmen aus der Medien- und Werbebranche angesiedelt, ebenso Mode- und Designerbetriebe mit großflächigen Ausstellungsräumen. Ein Groß-Kino, zahlreiche Restaurants, eine Großraumdiskothek sowie Clubs und Lounges sorgen zudem für ein reges Nachtleben.

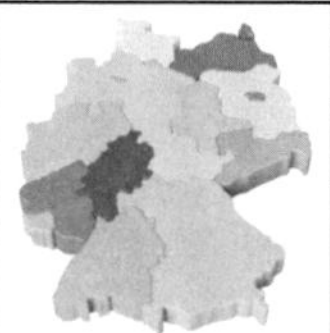

9 Die Lösungen

2 Das Ruhrgebiet

1. Binnenhäfen liegen an Flüssen, Kanälen und Seen. Sie haben keine direkte Verbindung zu den großen Meeren.
2. Man nennt es auch Metropolregion Rhein-Ruhr.
3. Schalke 04 – Gelsenkirchen, Borussia Dortmund – Dortmund, Meidericher Spielverein – Duisburg, Rot-Weiß Essen – Essen. Schalke und Borussia spielen in der 1. Bundesliga.
4. Der Reihe nach: Zechen, Eisenerzen, Gastarbeiter, Bergleuten, Ruhrgebiet, Arbeitslosigkeit
5. Der **Steiger** ist eine Aufsichtsperson im Bergbau. Ein **Knappe** im Bergbau hat die Lehre als Bergmann erfolgreich abgeschlossen. **Zeche** ist ein Name für die Steinkohlenbergwerke im Ruhrgebiet.

3 Der Niederrhein

1. Behörden, Dienstleistungsfirmen, große Banken und Industrieverwaltungen befanden sich schon zu Beginn des letzten Jahrhunderts in Düsseldorf.

4 Die Kölner Bucht

1. **Tünnes und Schäl** sind zwei legendäre Figuren der Stadt. Tünnes wird als raffinierter, friedlicher Typ mit einer Knollennase dargestellt. Schäl bedeutet in der Mundart schielen, aber auch schlecht oder falsch. Schäl trägt immer einen Frack.
   Der **Kölner Karneval** gehört weltweit zu den größten und bekanntesten Karnevalsfesten. Die Karnevalssession oder die „fünfte Jahreszeit“ wird offiziell am „Elften im Elften“, dem 11. November, um „Elf Uhr Elf“ eröffnet. Der Höhepunkt des Karnevals ist der Rosenmontag. Über eine Million Menschen säumen dann den Weg des Kölner Rosenmontagszugs, der durch die Kölner Innenstadt zieht.
   Das **Phantasialand** ist ein Freizeitpark. Es wurde 1967 in einem Braunkohle-Tagebaugebiet eröffnet und gehört zu den ältesten Freizeitparks Europas. Die einzelnen Angebote des Phantasialands sind meist einzelnen Themen zugeordnet: Berlin, China Town, Mystery ...
   Die **Koelnmesse** ist das 5. größte Messegelände der Welt. Besucher und Aussteller aus der ganzen Welt kommen nach Köln, um Produkte und Trends zu präsentieren und Geschäfte zu machen.
2. **a)** Der bekannteste Bonner Bürger war der Komponist Ludwig van Beethoven.
   b) Organisationen der Vereinten Nationen nutzen heute den langen Eugen.
3. Karl der Große wurde im Jahr 800 als erster westeuropäischer Herrscher seit der Antike in Rom zum Kaiser gekrönt. Er gilt als Gründer der heutigen Staaten Frankreich und Deutschland.
4. Ein Nationalpark ist ein Schutzgebiet, in dem sich Tiere und Pflanzen natürlich entwickeln können. Sie werden vor Umweltverschmutzung und schädlichen Eingriffen geschützt.
5.

D	E	R	T	U	N	K	O	**Ö**	**L**	**B**	**E**	**R**	**G**	R
G	E	R	B	**L**	**O**	**H**	**R**	**B**	**E**	**R**	**G**	W	I	R
L	**Ö**	**W**	**E**	**N**	**B**	**U**	**R**	**G**	A	T	L	C	H	I
N	**O**	**N**	**N**	**E**	**N**	**S**	**T**	**R**	**O**	**M**	**B**	**E**	**R**	**G**
A	S	S	U	**P**	**E**	**T**	**E**	**R**	**S**	**B**	**E**	**R**	**G**	H
L	E	E	R	**W**	**O**	**L**	**K**	**E**	**N**	**B**	**U**	**R**	**G**	U
D	**R**	**A**	**C**	**H**	**E**	**N**	**F**	**E**	**L**	**S**	G	A	R	T

Nordrhein-Westfalen – Bestell-Nr. 12 486

9 Die Lösungen

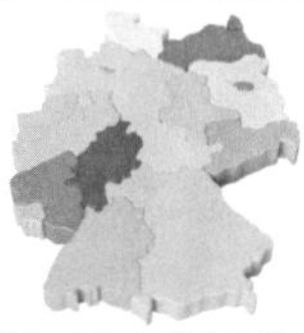

5 Das Ruhrgebiet

1. In NRW liegen die Eifel, das Bergische Land, das Siegerland und z. T. das Sauerland.
2. Die Eifel ist hügelig und zeigt Wiesen, Wälder und Hochmoore.
3. Von links nach rechts: Schwebebahn, Schloss Burg, Fachwerkhaus
4. **a)** Die Buchstaben ergeben das Wort „**Zwieback**“.
   b) Die Dröppelmina war eine bauchige Kaffeekanne mit drei Füßen und einem oder mehreren Zapfkränchen.
5. Lösungswort: WESTEN

	8.				4.			7.						5.
	A				K			A						W
	T			6. S	A	U	E	R	L	A	N	D		I
	T				H			N						N
	E				L			S						T
	N				E			B						E
	D				R			E						R
	O							R				3.		B
1.	R	O	T	H	A	A	R	G	E	B	I	R	G	E
	N				S							U		R
					T							H		G
2.	L	A	N	G	E	N	B	E	R	G		R		
					N									

6 Das Münsterland

1. **a)** Die Schlacht im Teutoburger Wald ist auch unter dem Namen „Varusschlacht“ bekannt.
   b) Es wurde zwischen 1838 und 1875 erbaut. Das Denkmal soll an den Cheruskerfürsten Arminius erinnern, der Varus damals die heftige Niederlage beibrachte.

3. Pferde werden heute meist in Ställen gehalten und kommen nicht immer auf die Weide. Dazu werden sie regelmäßig gefüttert.

4.

Himmel un Ääd	Kartoffel-Apfel-Stampf mit gebratener Blutwurst und Zwiebeln
Mettbrütche …	Mettbrötchen mit Zwiebeln, Salz und Pfeffer
Halven Hahn	Roggenbrötchen mit Käse, saurer Gurke, Senf und Zwiebeln
Pillekuchen	Kartoffelpfannkuchen
Potthucke	Im Ofen gebackener Teig aus geriebenen Kartoffeln
Knochenwurst	Mett, Fleisch und gehackte Rippchen werden mit Gewürzen gekocht
Pumpernickel	Vollkornbrot aus Roggenschrot
Mettendchen	Rohwurst aus Rind- und Schweinefleisch

7 NRW-Quiz

1. Zusammen gehört: 1 H, 2 Q, 3 I, 4 J, 5 L, 6 O, 7 T, 8 S, 9 A, 10 R, 11 N, 12 F, 13 P, 14 K, 15 D, 16 C, 17 G, 18 B, 19 E, 20 M.

Bildnachweis

auf allen Seiten: © fotomek - Fotolia.com (bearbeitet)

Seite 4: © reeel - Fotolia.com;

Seite 5: © alexlmx - Fotolia.com, © David Liuzzo - Fotolia.com, © wikimedia.org, © clipart.com, © A. Kammerer - Fotolia.com;

Seite 6: © alexlmx - Fotolia.com, © TUBS - wikimedia.org (2x);

Seite 7: © alexlmx - Fotolia.com, © http://d-maps.com/carte.php?num_car=24043&lang=de;

Seite 8: © alexlmx - Fotolia.com, © Martina Berg - Fotolia.com, © vartzbed - Fotolia.com, © sehbear_nrw - Fotolia.com;

Seite 9: © alexlmx - Fotolia.com, © Artalis - Fotolia.com;

Seite 10: © alexlmx - Fotolia.com, © Oli_P - Fotolia.com (2x), © schildershop 24.de, © wikimedia.org;

Seite 11: © Maimento - Fotolia.com, © obelicks - Fotolia.com;

Seite 12: © alexlmx - Fotolia.com, Oliver Hauptstock - Fotolia.com, © TUBS - wikimedia.org, © eyewave - Fotolia.com;

Seite 13: © Marianne Drews - Fotolia.com, © wikimedia.org;

Seite 14: © alexlmx - Fotolia.com, © Arnoldius - wikimedia.org, © Trueffelpix - Fotolia.com, © http://d-maps.com/carte.php?num_car=27405&lang=de, © Tohma - wikimedia.org;

Seite 15: © alexlmx - Fotolia.com, © NordNordWest - wikimedia.org, © Olei - wikimedia.org;

Seite 16: © alexlmx - Fotolia.com, © Thomas Robbin - wikimedia.org, © Simplicius - wikimedia.org, © Smial - wikimedia.org, © Thomas280784 - wikimedia.org, © wikimedia.org;

Seite 17: © alexlmx - Fotolia.com, © davis - Fotolia.com (2x), © tunedin - Fotolia.com, © Magnus Manske - wikimedia.org;

Seite 18: © alexlmx - Fotolia.com, © pixssell - Fotolia.com, © Thomas Jablonski - Fotolia.com, © wikimedia.org, © Frank Vincentz, © Heiner Witthake - Fotolia.com;

Seite 19: © alexlmx - Fotolia.com, © MathKnight - wikimedia.org, © Hasenläufer - wikimedia.org;

Seite 20: © alexlmx - Fotolia.com, © Cccefalon - wikimedia.org, © FEXX - wikimedia.org, © tereez- Fotolia.com;

Seite 21: © alexlmx - Fotolia.com, © rcfotostock - Fotolia.com, © wikimedia.org, © mitifoto - Fotolia.com, © les - wikimedia.org;

Seite 22: © alexlmx - Fotolia.com, © Purodha - wikimedia.org, © Milseburg - wikimedia.org;

Seite 23: © alexlmx - Fotolia.com, © hydebrink - Fotolia.com, © Watzmann - wikimedia.org, © sehbaer_nrw - Fotolia.com, © XRay - wikimedia.org (2x);

Seite 24: © alexlmx - Fotolia.com, © XRay - wikimedia.org, © AlexOk - Fotolia.com;

Seite 25: © wikimedia.org, © Trueffelpix - Fotolia.com;

Seite 26: © iuneWind - Fotolia.com, © alexlmx - Fotolia.com, © Marina - Fotolia.com;

Seite 27: © wikimedia.org, © A. Kammerer - Fotolia.com (bearbeitet), © http://d-maps.com/carte.php?num_car=24043&lang=de

Umschlag: © Artalis-Kartographie - Fotolia.com

laudia Eisenberg

Deutschland & Europa an Stationen

elbstständiges Lernen rund um Deutschland und uropa. *Mittels abwechslungsreicher und ansprechender tationen vermitteln diese beiden Bände wesentliche enntnisse über das Land Deutschland bzw. den Kontinent uropa. Hierbei stehen verschiedenste Aufgabentypen in eweils drei Niveaustufen zur Verfügung, die freies, indiviualisiertes und koedukatives Lernen für Grundschüler eröglichen. Ihre Schüler erweitern ihren Horizont über das igene und die Nachbarländern mit Spaß und Spannung!*

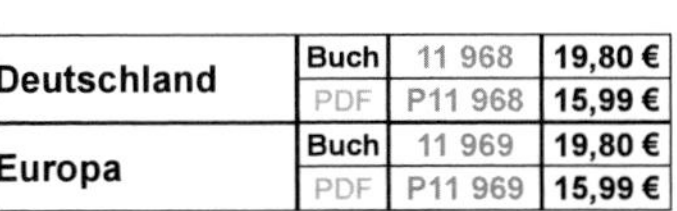
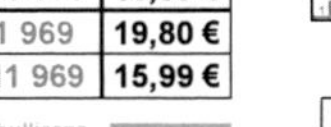
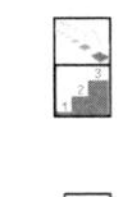

Deutschland	Buch	11 968	19,80 €
	PDF	P11 968	15,99 €
Europa	Buch	11 969	19,80 €
	PDF	P11 969	15,99 €

e 80 Seiten PDF-Schullizenz (je Band) 64,-€ 3 4

Autorenteam Kohl-Verlag

Wochenplan Deutschland

Systematisch Deutschland erfahren

NEU ab März

Wochenpläne geben durch ihren übersichtlichen Aufbau Klarheit und Struktur: der Schüler weiß genau, welche Aufgaben in welchem Zeitraum erledigt werden müssen. Durch spielerische und motivierende Aufgaben werden so nicht nur die fachbezogenen Kompetenzen wie beispielsweise das Wissen über die Bundesländer erweitert, sondern auch die personalen Kompetenzen wie Selbstorganisation und Ausdauer.

80 Seiten	Buch	12 515	19,80 €
	PDF	P12 515	15,99 €

PDF-Schullizenz 64,- € 3 4

abriela Rosenwald

Deutschland-Reise

Unsere Heimat kennenlernen

NEU Ab Okt.

erade in dieser Zeit entdecken wir unsere Heimat Deutschland wieer. Und es gibt viel zu sehen und zu erfahren! Alte Städte, Küsten, een und Berge sowie bedeutende Bauten und Naturgebiete weren in einem großen Stern dargestellt und können von den Schülern ugeordnet werden. Der entstehende Legestern berücksichtigt alle egionen Deutschlands und sorgt für einen umfassenden Überblick ber unser vielseitiges Land.

0 Seiten	Buch	15 050	21,80 €
ARBIG	PDF	P15 050	17,49 €

PDF-Schullizenz 70,- € 2 3 4

Autorenteam Kohl-Verlag

Wochenplan Europa

Systematisch Europa erfahren

NEU ab März

Wochenpläne geben durch ihren übersichtlichen Aufbau Klarheit und Struktur: der Schüler weiß genau, welche Aufgaben in welchem Zeitraum erledigt werden müssen. Durch spielerische und motivierende Aufgaben werden so nicht nur die fachbezogenen Kompetenzen wie beispielsweise das Wissen über die Länder Europas erweitert, sondern auch die personalen Kompetenzen wie Selbstorganisation und Ausdauer.

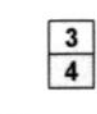

80 Seiten	Buch	12 516	19,80 €
	PDF	P12 516	15,99 €

PDF-Schullizenz 64,- € 3 4

abriela Rosenwald

Europa-Reise

Unseren Kontinent kennenlernen

NEU Ab Okt.

nser Heimatkontinent mit seinen vielen Sehenswürdigkeiten und Beonderheiten .... die Legeteile enthalten Fotos und Landkarten auf der inen Seite, Wissenswertes und Interessantes auf der anderen Seite. s entsteht ein wunderschöner Kreis, der z.B. aufgehängt werden ann. Durch passende Farben der Karten wird Wissen selbstständig rarbeitet. Ein vielseitiger Überblick über unseren Kontinent!

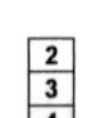

0 Seiten	Buch	15 051	21,80 €
ARBIG	PDF	P15 051	17,49 €

PDF-Schullizenz 70,- € 2 3 4

Gabriela Rosenwald

Die Europäische Union Kindern erklärt

Die EU begegnet uns täglich – sei es in den Nachrichten, bei Bestimmungen oder unserem Geld, dem Euro. Von der EU wird selten kindgerecht gesprochen. Dieser Band erklärt die EU kindgerecht und leicht verständlich, damit die künftigen Entscheidungsträger der EU die Zusammenhänge verstehen.

56 Seiten	Buch	11 517	15,80 €
	PDF	P11 517	12,49 €

PDF-Schullizenz 50,- € 3 4

ary M. Forester

Reise um die Welt Berühmte Bauwerke

ie Reise führt in ferne Länder und Kontinente. Die Schüler lernen erühmte Bauwerke wie z. B. Big Ben, den Eiffelturm, die Pyramiden on Gizeh, die Freiheitsstatue oder das Empire State Building kennen. ie erfahren Wissenswertes und Interessantes über die weltbekannen Bauten und lernen, sie den verschiedenen Erdteilen und Ländern uzuordnen.

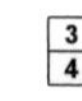

0 Seiten	Buch	15 037	24,80 €
ARBIG	PDF	P15 037	19,99 €

PDF-Schullizenz 80,- € 3 4

Birgit Brandenburg

Lebensräume Mitteleuropas Vielfalt kennenlernen

Neben Küsten, Mittelgebirgen und Alpen bieten auch Städte, Parks, Wälder, Seen und Flüsse wichtige Lebensräume für Mensch und Tier. Dabei hat jeder Lebensraum seine eigenen Bedingungen. Vor- und Nachteile, die sich der Mensch zu Nutzen macht bzw. denen er sich unterordnen muss.

64 Seiten	Buch	12 041	16,80 €
	PDF	P12 041	13,49 €

PDF-Schullizenz 54,- € 2 3 4

utorenteam Kohl-Verlag

Wolken, Wind & Regen

in 10-teiliges Material zum Wasserkreislauf sowie zwei 21-teilige Materiaen zu den Themen „Wolkenfamilien" und „Wind". Durch Zuordnen von Leekärtchen lernen die Schüler z.B., wie Wolken und Niederschlag zustande ommen oder wie unterschiedlicher Luftdruck Wind entstehen lässt.

0 Seiten	Buch	15 042	21,80 €
ARBIG	PDF	P15 042	17,49 €

PDF-Schullizenz 70,- € 1 2 3 4

Wolfgang Wertenbroch

Kreislauf des Wassers

Vom Grundwasser bis zum Wasserhahn

Inhalt: *Wasser ist lebenswichtig; Was Wasser alles kann; Unser Körper und das Wasser; Der Kreislauf des Wassers; Wasser kann fest, flüssig oder gasförmig sein; Grundwasser; Das Wasserwerk; Trinkwasser u.v.m.*

48 Seiten	Buch	10 667	14,80 €
	PDF	P10 667	11,99 €

PDF-Schullizenz 48,- € 3 4

olfgang Wertenbroch

Klimawandel Die Menschheit am Scheideweg?

Inhalt: *Was ist Klima?; Spurengase und Treibhauseffekt (CO_2 im täglichen eben; Der CO_2-Ausstoß muss sinken; Wie schwer ist CO_2?; Methan); Kliawandel als Folge des anthropogenen Treibhauseffektes (Einfluss auf eere und Gletscher; Einfluss auf die bewegte Luft; Versuche zum Thema uftdruck), u.v.m.*

0 Seiten	Buch	10 812	17,80 €
	PDF	P10 812	14,49 €

PDF-Schullizenz 58,- € 3 4

Moritz Quast & Lynn-Sven Kohl

Das Wetter Wie unser tägliches Wetter entsteht

Inhalt: *Mensch und Tier sind wetterabhängig; Die vier Wetterzutaten: Luft, Sonne, Wind, Wasser; Extreme Wettererscheinungen; Wetterbericht; Wie entstehen Wettervorhersagen?; Messgeräte aller Art; Messgeräte selber bauen; Rätsel rund ums Wetter; Ideenkiste rund ums Wetter u.v.m.*

40 Seiten	Buch	10 661	15,80 €
	PDF	P10 661	12,49 €

PDF-Schullizenz 50,- € 3 4

olfgang Wertenbroch

Erderwärmung Was wir Menschen tun können

Inhalt: *Das Arktis-Eis schrumpft; Bäume & Staub gegen die Erderwärmung; om Wissen zum Handeln; In aller Munde: das CO_2; Wohin mit dem Kohlenoffdioxid?; Landwirtschaft und Klima; Alternative Energiequellen; Lern- und bungskarten u.v.m.*

5 Seiten	Buch	11 091	16,80 €
	PDF	P11 091	13,49 €

PDF-Schullizenz 54,- € 4

Alfred Winter

Umwelt & Umweltschutz

Inhalt: *Veränderung der Umwelt; Wozu Erdöl?; Was ist Umwelt?; Umweltprobleme; Treibhauseffekt; Umweltschutz; Was ist Energie?; Klima und Abfall; Müll aus Haus und Küche; hartnäckiger Müll; Aufgeräumte Landschaften; Tropischer Regenwald; Deiner Umwelt zuliebe!; Sinnvoll einkaufen; u.v.m.*

56 Seiten	Buch	11 361	15,80 €
	PDF	P11 361	12,49 €

PDF-Schullizenz 50,- € 4

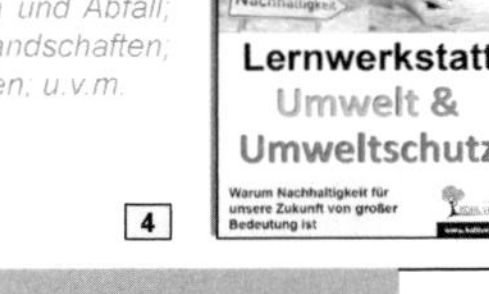

Gabriela Rosenwald

Meine Umgebung

Rund um mich, meinen Wohnort & Landkreis

Inhalt: Meine Umgebung, mein Schulweg, meine Schulumgebung, meine Freizeitaktivitäten, Kartenverständnis, Orientierung im Stadtplan, Himmelsrichtungen, GPS, Ich in meiner Gemeinde, mein Landkreis, Wohnort, Gemeinde, geographische, wirtschaftliche, politische und kulturelle Gegebenheiten u.v.m.

2 3 4

			PDF-Schullizenz
Buch	11 559	16,80 €	
PDF	P11 559	13,49 €	54,- €

52 Seiten

Rudi Lütgeharm

Maßstab verstehen & anwenden

Alltäglich „begegnen" wir bewusst oder unbewusst dem Thema „Maßstab". Abbildungen in Zeitschriften und Büchern, Darstellungen auf dem Computer, eine Straßen- oder Stadtplankarte, Ausschnitte auf dem Navigationsgerät und Routenplaner etc. Dieser Band zeigt mit anschaulichen Beispielen auf, wie man methodisch gut vom „Abbild" zum „Maßstab" übergehen und mit welchen Aufgaben der Maßstab selbst entdeckt werden kann.

Aus dem Inhalt: Vom Abbild zum Maßstab; Maßstabsgerecht verkleinern & vergrößern; Großer oder kleiner Maßstab; Karten, Symbole und Legende; Am Maßstab orientieren u.v.m.

3 4

			PDF-Schullizenz
Buch	12 250	17,80 €	
PDF	P12 250	14,49 €	58,- €

60 Seiten

Rudi Lütgeharm

Das Gradnetz der Erde

Mittels kleinschrittiger Einführung wird anhand von Praxisbeispielen die Lage der Längen- und Breitengrade erklärt, der Umgang mit Karten geübt und Städte nach ihrer Position bestimmt sowie Positionen einzelne Städten bestimmt. Praktische Aufgabenstellungen und ausführliche Erklärungen gewährleisten einen individuellen Einsatz.

Aus dem Inhalt: Sich im Raum orientieren; Koordinaten verstehen und anwenden; Ein Netz aus Breiten- und Längenkreisen; Breiten- und Längenkreise; Geographische Koordinaten; Breitenkreise und Längenkreise anwenden; Überprüfe dein Wissen!

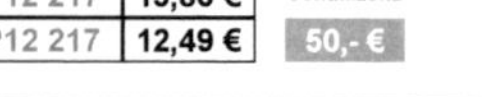

			PDF-Schullizenz
Buch	12 217	15,80 €	
PDF	P12 217	12,49 €	50,- €

40 Seiten

4

Gabriela Rosenwald

Merktraining Deutschland, Europa & Welt

Auf abwechslungsreiche und spannende Weise Wissen über Deutschland, Europa und die Welt vermitteln. Die Aufgabenblätter sind informativ und interessant ausgestaltet. Dabei können auch nur einzelne Elemente oder Kapitel im Unterricht Verwendung finden, zusätzliche Ideen regen zu weiteren Unterrichtsschritten an. Auch für Projektwochen bestens geeignet!

				PDF-Schullizenz (je Band)
Deutschland	Buch	11 403	16,80 €	
	PDF	P11 403	13,49 €	
Europa	Buch	11 344	20,80 €	
	PDF	P11 344	16,49 €	
Die Welt	Buch	11 404	18,80 €	
	PDF	P11 404	14,99 €	54,- / 60,- / 66,- €

56-84 Seiten

3 4

Gabriela Rosenwald

Unsere Erde

Interessante Themen wie z.B. Kontinente, Kulturen, Sprachen, Klima- und Zeitzonen, Weltwunder und viele weitere mehr sind mit Bildern, Zeichnungen und Rätseln als Grundlage für einen mitreißenden Sachunterricht hervorragend geeignet. Durch die modernen Verkehrsmittel rückt die Welt näher zusammen. Das Weltbild der Schüler wird hier Schritt für Schritt erweitert.

			PDF-Schullizenz
Buch	11 300	18,80 €	
PDF	P11 300	14,99 €	60,- €

84 Seiten

3 4

Rudi Lütgeharm

Die Erde – der blaue Planet ... im Sonnensystem

Wer sich mit der Erde, Planeten und unserem Sonnensystem, der Entstehung von Tag und Nacht sowie der Jahreszeiten beschäftigt, wird hier eine echte Hilfe bekommen, weil es grundlegendes Wissen in leicht verständlicher Form erläutert und vertiefende Aufgabenstellungstellungen bereitstellt.

			PDF-Schullizenz
Buch	12 298	16,80 €	
PDF	P12 298	13,49 €	54,- €

52 Seiten

4

Gabriela Rosenwald & Autorenteam Kohl-Verlag

Deutschlands Bundesländer

Die Deutsche Bundesländer kennen lernen

Bedeutende Landschaften, Flüsse, Gebirge, Sehenswürdigkeiten ... werden von den Schülern unter die Lupe genommen. Die Arbeitsblätter sind abwechslungsreich und zum Teil individuell für die jeweilige Stadt/Gemeinde einsetzbar. **So lässt sich Deutschland entdecken!**

- Interesse für die nähere Umgebung wecken
- Heimat kennen lernen
- Nützliches Allgemeinwissen

4

je 36/40 Seiten

							PDF-Schullizenz (je Band)
Baden-Württemberg	Buch	12 484	14,80 €	PDF	P12 484	11,99 €	48,- €
Bayern	Buch	12 485	14,80 €	PDF	P12 485	11,99 €	48,- €
Nordrhein-Westfalen	Buch	12 486	14,80 €	PDF	P12 486	11,99 €	48,- €
Hessen	Buch	12 487	14,80 €	PDF	P12 487	11,99 €	48,- €
Niedersachsen	Buch	12 488	13,80 €	PDF	P12 488	10,99 €	44,- €
Rheinland-Pfalz & Saarland	Buch	12 489	14,80 €	PDF	P12 489	11,99 €	48,- €
Schleswig-Holstein	Buch	12 490	14,80 €	PDF	P12 490	11,99 €	48,- €
Sachsen	Buch	12 491	14,80 €	PDF	P12 491	11,99 €	48,- €
Berlin	Buch	12 492	12,80 €	PDF	P12 492	10,49 €	42,- €
Hamburg & Bremen	Buch	12 493	12,80 €	PDF	P12 493	10,49 €	42,- €
Sachsen-Anhalt	Buch	12 494	12,80 €	PDF	P12 494	10,49 €	42,- €
Thüringen	Buch	12 495	12,80 €	PDF	P12 495	10,49 €	42,- €
Mecklenburg-Vorpommern	Buch	12 496	12,80 €	PDF	P12 496	10,49 €	42,- €
Brandenburg	Buch	12 497	12,80 €	PDF	P12 497	10,49 €	42,- €

Gary M. Forester

Deutschlands Bundesländer

Lern- und Legematerial mit Infos, Bildern & Karten

Die Bundesländer werden kreisförmig angelegt. Die Segmente der Kreisringe werden entsprechend ihrem Bundesland zugeordnet. Sie enthalten Bilder und Karten auf der einen Seite, interessante Textinformationen auf der Rückseite. Das Material ist durch die ansprechenden Bilder und die wissenserweiternden Informationen vielfältig einsetzbar.

			PDF-Schullizenz
Buch	15 016	26,80 €	
PDF	P15 016	21,49 €	86,- €

80 Seiten
FARBIG

B. Brandenburg, U. Stolz & L.-S. Kohl

Lernwerkstatt Deutschland & Europa

Länder, Landschaften & Besonderheiten

Die Kopiervorlagen gehen sowohl auf die einzelnen Länder und Regionen als auch auf Landschaften, Besonderheiten sowie auf die Sitten und Gebräuche ihrer Bewohner ein.

Inhalt: Deutschland (Europa) und ICH, Die einzelnen (Bundes-)Länder, Der große Abschlusstest

				PDF-Schullizenz (je Band)
Deutschland	Buch	10 786	15,80 €	
	PDF	P10 786	12,49 €	
Europa	Buch	10 787	16,80 €	
	PDF	P10 787	13,49 €	50,- / 54,- €

56/52 Seiten

Gabriela Rosenwald

Von den Alpen bis zur Küste

Unsere Heimat lässt sich nicht nur in Bundesländer aufteilen! Landschaften, Flüsse, Gebirge, Inseln, Orte und Geschichten regen zum Forschen & Entdecken an. Inhalt: Alpen; Schweiz; Österreich; Alpenvorland; Dreiländereck; Donau; Rhein; Mittelgebirge; Niederrhein; Ruhrgebiet; Nordsee; Ostsee u.v.m.

			PDF-Schullizenz
Buch	11 581	19,80 €	
PDF	P11 581	15,99 €	64,- €

76 Seiten

Gabriela Rosenwald

Die Alpen Das Gebirgsmassiv unter der Lupe

Die Alpen sind das höchste Gebirge im Inneren Europas und genießen große Bedeutung als Erholungsraum. Neben diesem touristischen Aspekt bietet dieser Band interessante und spannende Informationen und Aufgabenstellungen zu Entstehung, Alpenstaaten, Bevölkerung, Vegetation, Tierwelt, Landwirtschaft, Klimadiagramme, Naturkatastrophen, Naturparks und Tourismus.

			PDF-Schullizenz
Buch	12 072	18,80 €	
PDF	P12 072	14,99 €	60,- €

80 Seiten